ध्वंसा-वशेष

ईश्वर के संग एकालाप

शैलेन्द्र प्रसाद

INDIA • SINGAPORE • MALAYSIA

ISBN 979-8-89186-774-1

ॐ

समर्पण

ये मेरी पहली पुस्तक समर्पित है मेरे पूज्य गुरुदेव
श्री श्री परमहंस योगानन्द जी महाराज के श्रीचरणो मे,
जिनकी अहैतुक कृपा ही संबल है,
मेरे जीवन की

भूमिका

कविता का जन्म कैसे होता है?

विद्वतजन इस विषय पर एकमत हैं कि कविता का जन्म वेदना से होता है! सच्ची, निर्विकार हृदय की गहराईयों तक पहुँची हुई वेदना जब आपके मानसिक संसार को झिंझोड दे, तक उससे उत्पन्न हुवे भावा-वेग का प्रवाह कब कविता की शक्ल में परिवर्तित हो जाता है, ये अक्सर कवि को भी पता नहीं चलता।

जल-विहार करते हुवे हंस के जोड़े पर अचानक से मारे गए तीर से मर्माहत महर्षि वाल्मीकि के मुँह से अनायास जो उद्गार व्यक्त हुए, वही प्रथम कविता के रूप में प्रतिस्थापित हुए। आदि-कवि महर्षि वाल्मीकि कोई शिक्षित व्यक्ति नहीं थे। जनश्रुति तो यही है कि रामायण जैसे महाग्रंथ की रचना करने वाले इस यशस्वी साहित्यकार और कवि का प्रारम्भिक जीवन एक लुटेरे का रहा है!

वैसे तो कविता अपने आप में ही एक सम्पूर्ण कथ्य होती है, फिर भी सुधि पाठको को हमेशा ये जिज्ञासा रहती है ये जानने की कि कविता की रचना किस पृष्ठ-भूमि में हुई है और कवि और कविता के बीच के परस्पर सम्बंधो की रेखा कितनी सीधी और कितनी वक्र है।

शुरू करता हूँ।

वो शायद मई, 1988 का समय रहा होगा, जब प्रयागराज से सिविल इंजीनियरिंग की अपनी पढ़ाई पूरी कर लेने के पश्चात मैं आगे की पढ़ाई के सिलसिले में दिल्ली जा रहा था।

झांसी के स्टेशन पर जब ट्रेन रुकी, तो किताबों के एक स्टाल में यूँही पुस्तके पलटते हुए मैंने एक कविताओ की किताब खरीद ली– मधुशाला। बच्चन जी की मधुशाला के बारे में सुन तो बहुत रक्खा था, सोचा कि चलो ठीक है, दिल्ली तक का समय कट जाएगा इस किताब के साथ।

लेकिन ये क्या, इस किताब ने तो जैसे स्तंभित, सम्मोहित कर दिया हो मुझे!!!!.... एक बार जो पढ़ना शुरू किया तो फिर डूबता ही गया उसकी भाव-धारा में। कब शुरू किया और कब खतम किया, कुछ पता ही नहीं चला मुझे। अजीब-सा नशा तारी हो गया दिलो-दिमाग पर। आनंद, प्रेम और हर्षोन्माद का महासागर जैसे प्रविष्ट हो गया हो मेरे भीतर, मधुशाला प्रवाहित होने लगी मेरे अंदर, शब्दशः ...

करीब तीन दिन तक यूँही नशा तारी रहा मेरे ऊपर!!!!... फिर धीरे-धीरे नशे की तीव्रता कम होने लगी और मैं भी दुनिया की जद्दो-जहद में लग गया।

लेकिन मधुशाला घर कर चुकी थी मेरे हृदय में!!!!....

कविता लिखने का प्रोटोटाइप, खाका मिल चुका था ...

लेकिन कथ्य, कंटेन्ट नहीं था मेरे पास ...

या यूँ कहें कि कविता प्रवाहित कर सकने वाली वेदना अभी आई नहीं थी मेरे जीवन में ...

और फिर वह दिन भी आ गया, करीब तेईस साल बाद, 2011 मे, जब कविता प्रवाहित कर देने वाली वेदना का पदार्पण हुआ, मेरे जीवन में!!!!...

एक आंधी आई और मेरे परिवार को ले उडी!!! ... अचानक से आए इस झंझावात ने लगभग परखच्चे उड़ा के रख दिये मेरी जिंदगी के। हतप्रभ, अवाक, बेसहारा और अकेला पड़ गया मैं एकदम से। क्षण भर में सबकुछ ज्यों लुट जाये किसी का,

ऐसा जो मैं कभी सुना करता था, पढ़ा करता था, उसे महसूस किया मैंने पूरी शिद्दत के साथ, अपनी ही जिंदगी में!!!! ...

खैर, जिंदगी के बचे-खुचे टुकड़ो को बीन के फिर दुबारा शुरू हुआ जीवन। रिशतेदारों मित्रो परिजनो शुभचिंतकों के सहयोग और मदद से दुबारा जीवन पटरी पर आ तो गया, परंतु अब इसमे एक नयी चीज़ आ गई थी, जो नहीं थी पिछली जिंदगी की तुलना में– वेदना ...

और तीव्र, सच्ची वेदना की उपज–कविता-का रास्ता भी खुल गया मेरी जिंदगी में!!!! ...

बहने लगी कविता ... और जैसा कि आप सब अबतक जान ही गए हैं, कविता का प्रोटोटाइप, खाका, तो पहले से ही उपलब्ध था मेरे पास मधुशाला के कारण, तो उसी के द्वारा प्रदत्त खाँचो में बहने लगी कविता। चार लाईनो के इस छंद-बद्ध और छंद-मुक्त मीटर में भीतर का दर्द अपने आप ही अपने आप को उतारने लगा, बहुत ज्यादा काँट-छांट या रद्दो-बदल की ज्यादा जरूरत नहीं पड़ी कागज पर। जैसे नदी अपना रास्ता बना लेती है, वैसे ही कविता अपने आप को लिखती गई कागज पर।

अब ये कवितायें मैं आपके कलात्मक आस्वादन के लिए समर्पित करता हूँ। उद्देश्य किसी बौद्धिक स्थापना का नहीं है, मेरी सीमित आकांक्षा सिर्फ इतनी ही है कि आपके जीवन संघर्ष में जब किसी विफलता संत्रास कड़वाहट से आपका मन उद्विग्न हो और कहीं कोई राह न सूझ रही हो, तब ध्वंस में से उगता हुआ एक कोमल पौधा आपकी सारी पीड़ा की स्मृति से आपको मुक्त कर दे क्षण भर के लिए, और आपको आपके अन्तर्मन में निहित उस शक्ति की याद दिला दे, जिसका

अवगाहन करने पर मानव जीवन के हर क्षण में आनंदित रह सकता है, परिस्थितियाँ चाहे जैसी भी हो!!!!....

इतना कथ्य काफी होगा, इन कविताओं की पृष्ठभूमि को लेके। बाकी अगर सुधि पाठक-गण इन कविताओं में निहित पीडा और सृजन की चेष्टाओं के द्वन्द्व से क्षणभर के लिए भी तार-तम्य और सहानुभूति महसूस कर सकें, तो ये अकिंचन अपने इस प्रयास को सार्थक समझेगा।

अब समर्पित करता हूँ ध्वंसा-वशेस, आपके हाथो में।

1

~

दर्द की हद से गुजरना तो अभी बाकी है
यारों के दिल मे धड़कना तो अभी बाकी है,
एक राह खत्म होने से जिंदगी नहीं रुक
जाया करती 'प्रसाद'
कि खुदी पे तेरी खुदा का झुकना तो अभी
बाकी है

2
~

दर्द की हद से गुजरना है दवा हो जाना,
जख्म खा के मुस्कुराना है अदा हो जाना,
तकलीफे क्या तोड़ेंगी अब हौसले 'प्रसाद' के,
कि हर फिक्र मे हँसना है खुदा हो जाना

3

~

मिलन के लिए जुदाई जरूरी है,
गहराई के लिए तनहाई जरूरी है,
थोड़ा सा फासला बेजा नहीं है जिंदगी मे 'प्रसाद',
कि सीने की हरारत के लिए अंगड़ाई जरूरी है

4

जिंदगी वही है, पर उसके कायदे बदल
गए हैं,

खिलौने वही हैं, पर खेलने वाले बदल गए हैं,

हर किसी के नसीब मे नहीं होता साकी-ए-मैकदे का
दीदार,

कि पिलाने वाला तो वही है, कुछ पीने वाले बदल
गए हैं

5

~

हवा मे उड़ने दे, आसमानों पे बिखर जाने दे,

एक छोटे से बच्चे की ज़िद पे मचल जाने दे,

बेखुदी मे कर लेने दे मुझको भी दो - चार गुनाह,

कि ऐ खुदा, आशिक़ी मे कभी तो हद से गुज़र जाने दे

6

~

आलमे- बेखुदी की मस्ती मे लडखड़ाने लगे हैं,
एक छोटे से बच्चे को देख के मुस्कुराने लगे हैं,
करने लगे हैं अपने जख्मो का हम खुद ही इलाज़,
कि ऐ खुदा, अपने अक्स मे अब तेरा पता पाने
लगे हैं

7

~

अंधेरा गर हो, तो कह दो कि रौशनी चाहिए,

मौत का खौफ हो, तो अहसासे - जिंदगी चाहिए,

इन गलफतों से हटके 'प्रसाद' की है फरियाद अलग,

कि खुद से चल के खुद तक पहुंचे, बस इतनी बंदगी चाहिए

8

दुनिया से गुज़रता तो है, पर देखता नहीं है,
आँसू बन के अटका तो है, पर टपकता नहीं है,
तुझसे शिकायत तो नहीं है ऐ खुदा उसको, पर
तरबियत ही कुछ ऐसी है 'प्रसाद' की,
कि जो कुछ वो चाहता है, वो कभी मांगता नहीं है

९

जो गूँजता था दिल मे, तो सदा था,

जब डूबा किसी की आंखो मे, तो नशा था,

बहुत कुछ था 'प्रसाद' औरों के लिए, पर वो खुद क्या था??

कि वो जरिया था, खामोशी थी..... या फिर खुदा था??!!...

10

हमको देख के हालात चले आते हैं,

जिंदगी जीने के अंदाज़ चले आते हैं,

समझता है वो, सच्चाईयों की खामोश परवाजे,

कि जहां होती है वफा, वहाँ जज़्बात चले आते हैं

11

~

दर्दे-दिल को जीने का सहारा मानते हैं,
मझधार को बहता हुआ किनारा मानते हैं,
हर किसी को मकबूल नहीं होती ये नेमत 'प्रसाद',
कि इस सौगात को हम खुदा का इशारा मानते हैं

12

दिल की दुनिया के बाशिंदे हम, टेढ़ी चाल की आदत नहीं है,

मझधारों मे, तूफान के बीच, कश्तियाँ बदलने की आदत नहीं है,

सुख-दुख, हवादिस, रंजो-गम, कर देते हैं समर्पित सबकुछ खुदा को अपने,

कि दिखला के दर्दे-जिगर दुनिया को, हमदर्दी बटोरने की आदत नहीं है

13

तपती दुपहरी मे बादलों की घटा करता है,
जब सो जाते हैं, तो चुपके से हवा करता है,
नाचता है बन के मोर, भरी बरसातों मे,
'खुदा' है, देखिये और क्या-क्या करता है!!!...

16

~

रंग मे, नूर मे, खुशबू मे अयां होता है,
कभी इशारों मे, तो कभी लफ्जो मे बयां होता है,
हर होने मे, न होने मे, एहसास होता है तेरा,
कि ऐ खुदा, तू गर होता है, तो आखिर क्या होता
है??!!!....

17

~

गमे-दिल को दुनिया से बहलाने चले हैं,
एक रोते हुए बच्चे को हँसाने चले हैं,
चले हैं करने दो- दो हाथ अपनी किस्मत से,
कि ऐ खुदा, आज तुझको आजमाने चले हैं

18

~

जब उखड़ने लगेगी साँसो की रफ्तार, तब सोचेंगे,

जब काँपने लगेगी हांथों की तलवार, तब सोचेंगे,

दिये जलाते हैं तेरी यादों के, अपने दिल के वीराने मे,

जब हो जाएँगे इस जुर्म मे गिरफ़्तार, तब सोचेंगे

19

~

दिन के इशारे, रातों की मेहरबानी लिख रहा हूँ,

एक नटखट बच्चे की मासूम सी शैतानी लिख रहा हूँ,

लिख रहा हूँ दास्तान तेरी रहमत, तेरी बेपनाह आशनाई की,

कि बरसों बाद ऐ खुदा, मैं खुद अपनी कहानी लिख रहा हूँ

20
~

अल-मस्त फकीरी मे जश्न-ए-बहार देखते हैं,
फ़ानी पुतलों का साजो- सिंगार देखते हैं,
गुजरते हैं जमाने से तमाशाई की तरह,
कि चश्म-ए-खुदा से दुनिया का कारोबार देखते हैं

21

एक शिशु की निगाहों मे ईश्वर का पैगाम लिखा
हुआ है,
एक चावल के दाने पे गीता-पुराण लिखा हुआ है,
अपनी बेखुदी मे वो झाँकता है हर शख्स की रूह के भीतर,
कि आखिर किसके दिल मे 'प्रसाद' का नाम लिखा
हुआ है??

22

भगा - भगा के मारता है हिरण को, शिकारी बन कर,
बच्चे फेंक देते हैं थैलियाँ हीरों की, अनाड़ी बन कर,
जिस दिन तू बांटेगा अपने दर पे मोहब्बत का 'प्रसाद',
खुदा भी आएगा तेरे दरवाजे पर, भिखारी बन कर

23

~

रास्ता दिखा के सच्चाई का, वो छुप जाता कौन है??,
मेरे सिरहाने बैठ के चुपचाप आँसू बहाता कौन है??
कौन है वो, जो जानता है मुझको मुझसे भी जियादा??
जो बना रहा है धीरे- धीरे खुदा मुझे, वो 'इंसां'
कौन है??

24

गूँजता है सबके दिलो मे, पर मशहूर तो नहीं,
नज़र की हद पे रहता है, कहीं अंगूर तो नहीं,
बेफिक्र है 'प्रसाद', क्यूंकि उसे है एहसास इसका,
गर बज़्मे-यार पास हो, तो खुदा का घर दूर तो नहीं

25

~

गर बात न आए समझ मे, तो समझाना कैसा?,
स्कूल से भाग के बच्चे बनाते हैं बहाना कैसा?,
हर-सिम्त हम बैठे हुए हैं एक घूमते हुए आईने के बीच,
अब अपने ही मुखौटो से गुजरते हुए ऐ खुदा घबराना
कैसा?

26

वो जब्त किया हुआ आँसू बन गया अंगारा है,
तेज तूफानो के बीच मझधार ही किनारा है,
ज़िंदगी का सबब अब समझ मे आने लगा है 'प्रसाद' को,
कि ऐ खुदा, तेरे बाद अब सिर्फ खुद का ही सहारा है

27

~

कामयाबी दिलाने वाले तर्क भूल गए हैं,
वो लफ़्ज़े - मोहब्बत के हर्फ भूल गए हैं,
देख कर 'प्रसाद' का हाल, आजकल लोग,
खुदा और कातिल मे फर्क भूल गए हैं

28

~

जेहन की तारिक गलियों मे, कभी तो कोई करवट बदलेगा,

कभी तो कोई बच्चा, अपने बाप के छोड़े हुए जूते पहनेगा,

कभी तो कोई समझेगा, 'प्रसाद' के गुनाहों की असलियत,

कभी तो ऐ खुदा, मेरा खून मेरे दिल की जबां बोलेगा....

29

जोशे - जवानी की नादानियाँ हैं, तेरा दोष भी नहीं,

गमे - दौरां से होश गुम हैं, मगर बेहोश भी नहीं,

महफिल मे वो आए, और चले भी गए ऐ खुदा,

अफसोस तो इस बात का है कि अफसोस भी नहीं

30

दिन है अपना, अपनी ही रातें हैं,
तनहाई है, और यादों की बारातें हैं,
वो जो रखते थे तुझको सारे जहां से ऊपर,
कि ऐ खुदा, अब तू है, और तेरी सौगातें हैं

31

दर्द जब टीस बन के लहराएगा तो नींद आएगी,

अपनी तड़प से जो आगे निकल जाएगा, तो नींद आएगी,

वो रात भर जाग के तारे गिनने का भी एक सबब है 'प्रसाद' का,

कि जब तू दिल मे उतर जाएगा, तो नींद आएगी

32

राहे - आशिक़ी मे फिर दुनिया का मज़ा क्या होगा?,
बेखुदी मे डूबे हुए इंसा के घर का पता क्या होगा?,
सबब कहाँ समझ पाते हैं लोग गमे - दौरां का,
कि दर्दे-दिल से गुजरे बिना कोई खुदा क्या होगा?

33

~

जब ज़िंदगी बन जाए एक नाकाम लाइलाज मर्ज,

तो मौत फिर उसकी दवा क्यो न हो जाए?,

जहां हमारे आईन अलहदा हों जमाने से,

वहाँ जमाले - दुनिया हमपे मरहबा क्यो न हो जाए?,

ये तेरी आजमाईश का सबब है,

कि आज हम खड़े हैं तेरे दरवाजे पे तेरे दीदार को ऐ खुदा,

कि जहां वस्ल की मुख्तलिफ़ शर्त हो रुस्वाई - ए - मुहब्बत,

वहाँ 'प्रसाद' फिर अकेला, तन्हा क्यो न हो जाए?

34
~

दिन को बेचैन, रातों को परेशान कर गई,
हाथ आई फतह को पल भर मे नाकाम कर गई,
खुद को पाया तो खो दिया जमाने को, कि ऐ खुदा,
सोचा क्या था, तेरी आशिक़ी कैसे - कैसे अंजाम
कर गई

35

~

उनकी मुस्कुराहट को मौजूं- ए - मोहब्बत का खयाल समझ बैठे,

चाय की प्याली मे उठती तरंगो को लरजता हुआ तूफान समझ बैठे,

जिंदगी गर उलझ गई है, तो इसका जिम्मेदार तू नहीं है ऐ खुदा,

कि अपनी बेखुदी मे उस पत्थर के सनम को इंसान समझ बैठे

36

~

हर आते - जाते को जो ठोकता रहता है सलाम, वो दरबान ही तो है,

मरने के बाद भी जो न निकल सका, वो दिल का अरमान ही तो है,

दुनिया बना के उसे दूर से देखने वाले ऐ खुदा, काश तुझे ये इल्म होता,

कि तेरे इस खेल मे जो हर सिम्त जीता - मरता है, वो इंसान ही तो है

37

~

शोहरतों के बाद भी वो शर्मिंदा हैं,
हम गुमनाम रह के भी अनजान नहीं,
अपनो की भीड़ मे भी वो खौफजदा हैं,
हम अकेले रह के भी सोगवार नहीं,
वो चले थे करने दुनिया को फतह,
हमने फकत अपने दिल की सुनी ऐ खुदा,
कि वो जीतने के बाद भी पशेमां हैं,
हम शिकश्त के बाद भी गमनाक नहीं

38
~

हमने वफा तो मुसल्सल की, पर किस्मत के आगे हार गए

दर्द समेट लिया झोली मे, मोती दुश्मन पे वार गए,

घाटे का सौदा था, होगा, अब किसको क्या
समझाये हम,

कि वो जीत गए फानी दुनिया, हम दिल की बाज़ी
मार गए

39

~

न अपनी शिकश्त पे, न अपनी हार पे शर्मिंदा हैं,

लाखो मे एक हैं, हम अपने आप मे चुनिन्दा हैं,

हजारो पाते हैं फैज, सुन के हमारी दास्तान - ए - वफा,

कि हजारो दिलो मे ऐ खुदा, हम मर के भी ज़िंदा हैं

40

~

क्यो रातो मे आजकल, मै सो भी नहीं पाता,

जिंदगी के हंसी ख्वाब सँजो भी नहीं पाता,

सोचता कुछ हूँ, और कर कुछ और ही जाता हूँ ऐ खुदा,

कि दुनिया पे हँसता हूँ, अपने पे रो भी नहीं पाता!!

41

~

ताला तो है हमारे पास, चाबी ढूंढते हैं,
बर्बाद करके सबकुछ, खाना - आबादी ढूंढते हैं,
ढूंढते हैं वो बेवफाई, जो वफा से बढ़कर हो,
कि करने के बाद हंसी गुनाह ऐ खुदा, माफी ढूंढते हैं

42

~

जमाने ने कब किसको समझा है, जो तुझे समझेगा,

भोर का तारा तो रात ढलने के बाद ही निकलेगा,

हर चीज़ के होने का एक वक़्त तय होता है 'प्रसाद',

कि खुदा तेरे पहले भी था, तेरे बाद भी रहेगा

43

~

एहसास - औ - अल्फ़ाज़ के बावजूद भी,

वो क्या है जो हो सका अबतक बयां नहीं,

वो एक आँसू जो गुम हो गया था दिल की गली मे,

वो लाख कोशीशों के बावजूद भी मिला नहीं,

माना कि आज हम खड़े हैं तेरी जन्नतों मे,

महफूज हर सितम से, पर ऐ खुदा,

वो जो हार गए थे बाज़ी मोहब्बत की वहाँ,

वो जख्म सीने का आज तलक भरा नहीं

44

जमाने मे तन्हा, दुनिया मे बेसहारा कर दे,
जीस्त (जिंदगी) को मुहाल, अपनों को पराया कर दे,
तेरी आशिक़ी मे अब बहुत दूर निकल गया है 'प्रसाद',
कि बस एक झलक ऐ खुदा, एक ईशारा कर दे

45

~

जवाब तो सब मिल गए हैं, अब सवाल क्या रक्खूँ?

तेरी रहमतों का, तेरी अजमतों का, हिसाब क्या रक्खूँ?

अब मै हूँ, और दूर - दूर तक फैली हुई तनहाई है,
कि ऐ खुदा,

जो खरीद न सका तुझे अश-आर - ए - दिल से, तो
मलाल क्या रक्खूँ?

46

~

जिनको यकीं ही नहीं तेरे वजूद मे, उनको पैगाम क्या दूँ?

जो हार गए हों बाज़ी तेरी चाहत मे, उन्हे इनाम क्या दूँ?

ये जुनून - ए - इश्क़ के खेल तो यूँ हीं चलते रहेंगे ऐ खुदा,

कि लिख चुका हूँ दिल की किताब सारी, इसको नाम क्या दूँ?

47

~

कोई समझना चाहे, तो उसे किताबे - जिंदगी समझा भी दें,

ये हस्ती के पेंच, मौजूँ - ए - इश्क़ के पैंतरे सिखा भी दें,

तेरे तोहफे तो सब ले गए, पर तुझे ढूँढने कोई नहीं आया ऐ खुदा,

कि कोई बनना गर चाहे, तो उसे यकीनन खुदा बना भी दें

48

~

इक ख्वाब के बाद, रोज़ एक कत्ल करता हूँ,
इक जश्न के बाद, रोज़ एक जख्म करता हूँ,
सहमते हैं, तड़पते हैं, सिसकते हैं लोग,
जिन्हे कुछ नहीं होता, उनको मै खुदा करता हूँ

49

वो गुनाह मै क्यूँ करूँ, जिसकी सज़ा कभी मिलती ही नहीं?,

वो आह मै क्यूँ भरूँ, जिसकी सदा कोई सुनता ही नहीं?,

मै और मेरी तन्हाई अक्सर ये बातें करते हैं ऐ खुदा,

कि उसका इंतज़ार मै क्यूँ करूँ, जो देखता तो है, पर कभी दिखता ही नहीं?

50
~

जख्म देता है तो दे, फिर उसके निशां मिटा भी दे,

गमे - दौरां मे डुबो दे, फिर चाहत के फूल खिला भी दे,

दुनिया को जीतने वाले अक्सर अपनी हस्ती के खजाने से अनजान ही रहते हैं,

कि डूब जा मुझमे बे-इंतेहा ऐ खुदा, इकदिन मुझको खुदा बना भी दे!!

धन्यवाद ज्ञापन

इसमे कोई संदेह नहीं है कि मैं अत्यंत आलसी किस्म का इंसान हूँ। कविताओ से डायरी भरी पड़ी है, लेकिन छपवाने में संकोच होता है।

भुवनेश्वर, उडीसा में अपनी पोस्टिंग के दौरान एक अति सज्जन व्यक्तित्व से परिचय हुआ, श्री अरुण कुमार जैन। वह खुद भी कवि हैं, अतः मेरे साहित्यिक रुझान को पहचान पाना उनके लिए कठिन न था। स्थानांतरण के बाद भी उनसे संपर्क बना रहा।

कभी बातों ही बातों में मैंने जिक्र कर दिया होगा अपनी अप्रकाशित कविताओ के बारे मे, उनसे। मुझे इसके बारे में तब पता लगा जब मेरे पास नोशन प्रैस वालों का फोन आया। उन्ही लोगों ने मुझे बताया कि मेरा नाम और टेलेफोन नंबर उन्हे श्री अरुण जैन जी से प्राप्त हुआ है। मेरे हृदय से साधुवाद उन्हे।

नोशन प्रैस की श्वेता जी में कमाल का धैर्य और अद्भुत कला है लोगों को मनाने की। फोन के द्वारा ही उन्होने मुझे सहमत भी किया, अग्रीमेंट भी साइन करवाया और प्रकाशन की बारीकियों से भी अवगत करवाया। शेफाली जी ने मेरी परिकल्पना के अनुसार बड़ी मेहनत करके इस पुस्तक का कवर डिज़ाइन तैयार कराया है, और इस पुस्तक के आंतरिक

डिज़ाइन भी उन्ही की मेहनत का नतीजा है। मेरा साधुवाद रहेगा उनको और नोशन प्रैस की पूरी टीम को।

मेरे माता-पिता, बहन-भाई, पुत्र-पत्नी, नाते परिचित और मित्रो की बदौलत ही मैं हूँ, जो भी आज मैं हूँ, उन सबों को हृदय से प्रणाम एवं धन्यवाद।